Eva Graudenz

Zavallı Eşek

Basit anlatımla eski masallar

Burak Erverdi tarafından çevrildi

İçindekiler

Arayan, öğrenmek isteyen, büyümeye devam etmek için bir şeyleri tanımak isteyen herkes için.

Bu kitap, sadece etrafındakileri değil, kendisini de tanımaya hazır olan aç ruha ithaf edilmiştir.

<u>**Önsöz:**</u>

Antik Yunan hikaye anlatıcısı ve eski köle olan Ezop, MÖ 620 ile 564 yılları arasında yaşadı. Hikayelerinin popülaritesi halkın kurtuluşuna ulaşmasını sağladı. Hikayeleri modern zamanlara aktarıldı ve defalarca yeniden yorumlandı.

Ezop masallarında öfke, açgözlülük ve tembellik gibi insanın zaafları hayvan kahramanlara atfedilir. Bu küçük hikayelerden bilgelik ve dersler öğrenilir.

Bu kitap, eşeğin merkezde yer aldığı bir fabl koleksiyonu içermektedir. Bu öyküler kolay anlaşılır bir dille yazılmıştır.

Hassas ve zeki bir hayvan olan eşek, haksız yere aptallığın ve tembelliğin sembolü haline gelmiştir. Ancak Ezop'un masalları çok daha karmaşıktır. Sadece hayvanın kendisini değil, aynı zamanda diğer hayvanlarla olan ilişkilerini ve talihsizliklerini de anlatırlar.

Bu fabllar, insan doğasına dair içgörüler sunar, düşünmemizi sağlar ve küçük hikayeler ile gözlemlerden birçok önemli ders çıkarabileceğimizi hatırlatır.

Öyleyse hadi fabl dünyasına dalmaya ve eşek hakkındaki hikayelerden öğrendiklerimizle dünyamızı ve kendimizi daha iyi anlamaya devam edelim.

<u>Eşek ve Hain Keçi</u>

Bir zamanlar eşeği ve keçisi olan bir çiftçi varmış. Eşeğin işi çok zordu, her gün ağır yükler taşımak zorunda kalıyordu. Ama ödül olarak daha iyi ve daha çok yiyeceği varmış. Ancak keçi eşeği kıskanıyordu. Ya onun güzel yemeğini çalmak ya da en azından başını belaya sokmak istiyordu.

Bir gün keçi eşeğe yaklaşmış ve şöyle demiş: "Hey, sevgili dostum! Bütün gün çalışmak ve bu ağır şeyleri taşımak zorunda olduğun için senin adına hep üzüldüm. Senin için harika bir planım var." Meraklanan eşek cevap vermiş: "Evet, söyle bana, merak ediyorum!". Keçi şöyle demiş: "Öyleyse dinle: Bir çukura geldiğinde içine atla. Yaralıymışsın gibi davran ve böylece bir süre dinlenebilir ve çalışmak zorunda kalmazsın." Eşek bu önerinin harika olduğunu düşünmüş ve ertesi gün başka bir yük taşıması gerektiğinde ve bir çukura rastladığında tavsiyeye uymuş. İstemeden içine düşmüş gibi davranmış.

Ancak sonuç beklediği kadar mükemmel olmadı! Çukurda yarı ölü halde yatıyordu ve bacağını kırmadığı için şanslıydı. Ağır yaralı olarak eve sürüklenmek zorunda kaldı. Çiftçi hemen harekete geçti ve veterineri aradı. Veteriner hekim, eşeğe çare olarak ezilmiş ve kurutulmuş keçi akciğerinden yapılan bir ilaç reçete etti. Çiftçi, eşeği keçiden daha çok sevdiğinden, eşeğe yardım etmek için hemen keçiyi kestirmiş. Yani keçi bunu canıyla ödedi.

Kıskançlık sinsi bir şeydir: Bu duygu nedeniyle başkalarına verdiğiniz zarar size iki veya üç misliyle geri döner.

Kıskançlığı kendinizi kıyaslamak yerine kendi hırsınızı geliştirmek için kullanın.

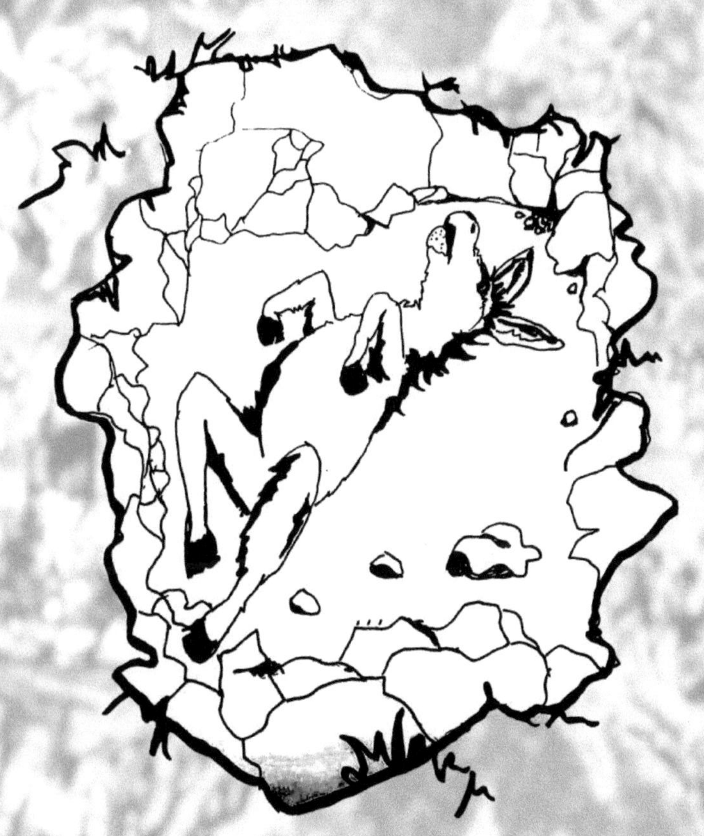

Bencil At ve Yardımsever Eşek

Bir çiftçi, her ikisinin de eşit derecede yükü olan bir at ve bir eşeği pazara götürüyormuş. Eşek bitkin düştüğünü fark ettiğinde uzun bir mesafe kat etmişlerdi bile. Acınası bir bakışla Attan yardım istemiş: "Sen benden çok daha iri ve güçlüsün ama benden daha fazla yük taşımıyorsun. Lütfen yükümün bir kısmını üzerimden al, yoksa başaramayacağım." Ancak at kalpsizmiş ve eşeğin isteğini reddetmiş: "Benim zaten kendi yükümle yeterince işim var." Eşek, sonunda gücü tükenip yere yığılana kadar kendini sürüklemiş. Çiftçi onu dövmüş ve eşek ölmüş. Artık çiftçinin, eşeğin tüm yükünü atın üzerine yüklemekten başka çaresi kalmamış. Eşeğin sahibi, en azından zararın bir kısmını kurtarmak için eşeğin postunu çıkarıp atın üzerine yüklemiş. At bu bencil davranışından çok pişman olmuş. "Keşke eşeğin yükünün bir kısmını alsaydım ve onu ölümden kurtarabilseydim. Şimdi onun tüm yükünü ve kürkünü de taşımak zorundayım."

Her

zaman, mümkün

olan her yerde

yardım

edin. Yangın kendi

çatınıza yayılmadan önce

komşunuzun yangını

söndürmesine

yardımcı olun.

.

<u>Kurnaz Eşek</u>

Bir iş adamı, eşeğinden ağır tuz çuvallarını sahilden iç kesimlere taşımasını istemiş. Eşek nehri geçmek zorunda kaldığında ayağı kaydı ve suya düştü. Ancak ayağa kalktığında tuzun büyük bir kısmı eridiği için yükün çok daha hafiflediğini fark etti. "Aha!". Eşek şöyle düşündü: "Bunu gelecekte hatırlayacağım!" Bir dahaki sefere nehre geldiklerinde gönüllü olarak suya atlamaya karar verdi. Ancak ne yazık ki bu numarası uzun sürmeyecekti. Çünkü iş adamı eşeği nasıl alt edeceğini biliyordu. Eşeğe çuvalları yükledi ve eşek tekrar nehre düştü. Ancak tekrar ayağa kalkmaya çalıştığında yükün çok daha ağırlaştığını fark etti. İş adamı, içi suyla dolan torbalara tuz yerine sünger koymuştu. Eşek büyük bir çabayla kendini kıyıya kadar sürükledi ve o günden bu yana çuvalları hiç direnmeden taşıdı.

Aksilik veya beceriksiz gibi davranmak sadece daha fazla soruna neden olur.

Yanlış Kılıktaki Eşek

Kyme kasabasında macera ve ilgi isteyen bir eşek yaşarmış. Bir gün aklına parlak bir fikir gelmiş: Kendini bir aslan postuna sarmış ve güçlü aslan rolünü oynamaya başlamış. Yüksek sesle kükreyerek, daha önce hiç gerçek bir aslan görmemiş olan Kyme'nin masum sakinlerini korkutmuş. İnsanlar paniğe kapılmış ve hayatlarından endişe etmişler.

Ancak aniden aslanlar konusunda uzman olan bir yabancı ortaya çıktı. Bu şakayı hemen fark etti ve eşekle yüzleşmek istedi. Hiç tereddüt etmeden birkaç dal kaptı ve eşeği iyice dövdü. Kymealılar sözde aslanın aslında kılık değiştirmiş bir eşek olduğunu görünce hayretler içinde kaldılar..

O andan itibaren eşek, kasabanın alay konusu haline gelmiş. Artık herkes onun aslan taklidi yapan basit bir eşek olduğunu görebiliyordu. Çocuklar bile ona gülüyordu ve artık ciddiye alınmıyordu.

Kendinize karşı dürüst olmak ve kendinizi gerçekte olduğunuz gibi göstermek çok daha önemli ve dürüst bir davranıştır. Gerçek dostları bulmanın ve takdir edilmenin tek yolu budur.

<u>Eski Kralın Düşüşü</u>

Eskiden hayvanların kralı olan gururlu aslan, artık ölüm döşeğindeydi ve yaşlılığından dolayı zayıflamıştı. Bu sırada hırslı yaban domuzu, keskin dişleriyle gelerek geçmişteki haksızlıkların intikamı için aslana saldırdı. Boğa da güçlü boynuzlarıyla aslana saldırdı. Eşek, aslanın cezasız bir şekilde dövülebileceğini gördüğünde, toynaklarıyla onun alnına basarak vurdu. Aslan ölürken şöyle dedi: "Cesur savaşçıların zulmüne katlanmak zorunda kalmak bana çok acı veriyor. Ama senin gibi, doğanın iğrenç lekesini çekmek zorunda kalmak iki kat ölüm demektir."

Kibirinle diğerlerinde bıraktığın izleri düşün, sonsuza dek güçlü olmayacaksın. Zayıflar ve aptallar da senin eylemlerini hatırlar.

<u>Beklenmedik Yardımcı</u>

Bir zamanlar yemyeşil bir çayırda otlayan ve ne yazık ki orada sırtını yaralayan bir eşek varmış. Ona eziyet eden acı verici bir yarası vardı. Açık yarasında pek çok diken vardı.

Zavallı eşeği bir süre izleyen akıllı karga bunu fark etti ve ona doğru uçtu. Eşeğin sırtına oturdu ve gagasıyla yaranın üzerindeki dikenleri çıkarmaya başladı.

Zavallı eşek acıya dayanamadı ve çaresizce kargadan kurtulmaya çalıştı. Ama bunu başaramadı. Sadece birkaç adım ötede tek bir komutla kuzgunu uzaklaştırabilecek eşeğin çobanı vardı. Ancak eşeğe yardım etmek yerine çoban, eşeğin acı içinde yaptığı komik atlayış ve yüz buruşturmaları karşısında eğlendi. Yüksek sesle güldü ve eğleniyor gibi görünüyordu.

Artık yaranın temizlenmesi işini bitiren karga bu duruma öfkelendi. Çünkü çobanın alay ettiği yalnızca eşek değildi. Karga havalanarak çobana büyük tuvaletini birkaç kez bıraktı. Şimdi gülme sırası eşekteydi.

Birine nasıl davranırsanız, o da size öyle tepki verir.

<u>Yanlış Şöhret</u>

Bir aslan ile bir eşek ittifak kurdular ve birlikte ava çıktılar. Bir gün tesadüfen yaban keçilerinin yaşadığı bir mağara keşfettiler. Aslan mağara girişine geçti ve dışarı çıkan keçileri yakaladı. Bu sırada eşek mağaraya girdi ve öyle bir ses çıkardı ki, korkan hayvanlar dışarı fırladı. Aslan, keçilerin çoğunu yakaladıktan sonra eşek de mağarayı terk etti. Eşek, cesurca savaştığını ve keçileri ustaca dışarı çıkardığını söyledi. Ama aslan ona güldü ve şöyle dedi: "Senin eşek olduğunu bilmeseydim ben de korkardım."

Uzmanların önünde övünenler doğal olarak kendileri alay konusu olurlar.

<u>Eşeğin Kaderi</u>

Akıllı aslan, kurnaz tilki ve sadık eşek birlikte ava çıktılar. Avı aralarında adil bir şekilde paylaşacakları konusunda anlaşmışlar. Av çok büyükmüş. Aslan eşeğe bölüştürme işini yapmasını söylemiş. Eşek büyük bir çaba göstermiş ve ganimeti adil bir şekilde bölüştürmüş. Sonra aslandan kendi payını ilk seçenin kendisi olmasını istemiş. Bu duruma aslan sinirlenmiş ve eşeği parçalamış. Daha sonra tilkiye yiyecekleri bölüştürme görevini vermiş. Tilki her şeyi almış ve eşeği en üste koymuş. Zahmeti için sadece küçük bir pay istemiş.

Aslan, "Pekala dostum" dedi ve "söyle bana, bu kadar akıllıca paylaşmayı sana kim öğretti?"

Tilki ise "Eşeğin kaderi" diye cevap verdi.

Dikkatli olun ve sadece kendi hatalarınızdan değil, diğerlerinin başına gelen talihsizliklerden ve hikayelerinden de ders çıkarın.

Tilkinin Kurnazlığı

Modern dünyada, bir eşek ve bir tilki uzun süre dostane bir şekilde birlikte yaşamış ve birlikte av gezilerine çıkmıştır. Bir gün aniden ortaya çıkan bir aslan karşısında şaşırırlar ve tilki kaçamayacağından çok korkar. Akıllıca bir taktik kullanmaya karar verir. İkiyüzlü bir nezaketle aslana yaklaştı ve şöyle dedi: "Yüce Kral, senden korkmuyorum! Ancak, eğer memnun kalırsan sana aptal arkadaşımın etini sunabilirim. Tek yapmanız gereken emretmek."

Aslan, tilkiye koruma sözü verdi ve tilki, eşeği saklandığı çukura götürdü. Aslan kükreyerek tilkinin üzerine koştu ve onu yakalayarak şöyle dedi: "Eşek kesinlikle benimdir, ama ihanetin için önce seni parçalara ayıracağım."

Hainlerin oyunlarına başvurulabilir ama hainin kendisi sevilmez, küçümsenir.

Eşek Yargılanıyor

Adamın biri bir eşek satın almış ama önce onu denemek istemiş. Eşeği çiftliğine götürdüğünde, diğer birçok eşek zaten çalışıyor ya da yemek yiyordu. Eşeğin serbest dolaşmasına izin verdi. Eşek, hemen arkadaşlarından en tembel ve açgözlü olanının yanına gitmiş. Onun yanında yemliğin başında durmuş. Adam daha sonra eşeği almış ve onu önceki sahibine geri götürmüş.

Önceki sahibi, "Onu henüz doğru dürüst test etmemiş olmalısınız" diye şaşırmış.

"Benim gördüğüm ve yaşadığım benim için yeterli: Eğer bu tür arkadaşlar seçiyorsa, o zaman o tembel biridir!"

Hangi insanlarla zaman geçirdiğine dikkat et, başkaları sizi böyle hızlı yargılayabilir.

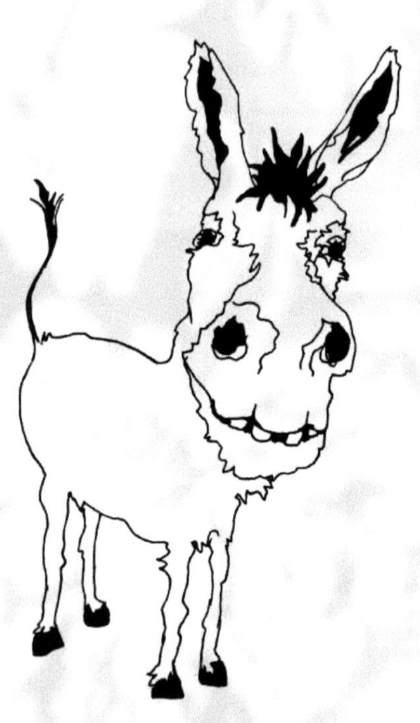

<u>**Eşek ve Cesur At**</u>

Bir zamanlar çok sıkı çalışan ama açlığını giderecek kadar yiyecek bulamayan bir eşek varmış. Ayrıca sırtında ağır bir yük taşıyor ve zorlukla ilerliyormuş. Güzel, görkemli bir şekilde süslenmiş bir at gördüğünde, çok iyi ve bol miktarda beslendiği için mutlu olması gerektiğini düşünmüş. Eşek bu atla yer değiştirebilmeyi dilemiş.

Ancak birkaç ay sonra eşek, bu atın bir arabanın başında yorgun ve zayıf bir şekilde durduğunu gördü. Kafası karışarak "Bu nasıl olabilir?" diye sordu. At üzgün bir şekilde cevap verdi: "Neredeyse sihir gibiydi. Bir kurşun bana çarptı ve sahibim de benimle birlikte düştü. Daha sonra beni gülünç bir fiyata sattı. Şimdi topal ve güçsüzüm. Eminim beni kıskanmaz ve benimle yer değiştirmek istemezsiniz."

En büyük mutluluklar bazen bir anda yok olabilir.

<u>**Eşek Kükremesi**</u>

Bir hayvan topluluğunda, bir eşek diğer hayvanlar arasındaki statüsünü umutsuzca yükseltmek istiyordu. Güçlü aslanı, korkunç etkileri konusunda ikna etme fikri vardı. Bunun üzerine eşek aslana şöyle dedi: "Gel, birlikte dağın tepesine çıkalım. Orada sana gerçekte kaç hayvanın benden korktuğunu göstereceğim." Aslan gülmeden edemedi ve cevap verdi: "Peki neden olmasın? Hadi gidelim."

Dağa tırmandıklarında eşek birdenbire kaba, eşeğe benzer bir sesle anırmaya başladı. Tilkiler ve tavşanlar da bu sesi duyup hızla kaçtılar. Eşek memnun bir şekilde homurdandı ve şöyle dedi: "Hepsinin nasıl kaçtığını gördün mü?" Bunun üzerine aslan gülerek cevap verdi: "Kaçmalarına şaşmamalı. Eğer senin sadece bir eşek olduğunu bilmeseydim ben bile sesinden korkardım."

Bağırmak insanı cesur yapmaz, yüksek sesle ve abartılı sözler eylem değildir ve hiçbir değeri yoktur.

Kibirli Bir Rüya

Hayvanların hâlâ hükmettiği ve insanların onlara itaat ettiği uzak bir dönemde, bir adamın çiftliğinde eşek yaşardı. Her gün sevimli küçük bir köpeğin sahibi tarafından okşanışını izliyordu. Sahibi küçük köpeğe çok düşkündü ve evdeki herkes onu doyasıya şımarttı. Bunu gören eşek kıskançlıkla şöyle düşündü: "Sahibim bu küçük, kirli hayvanı bu kadar seviyorsa, ben de ona iltifat etsem o da beni bu kadar çok sever miydi? Ne de olsa ben köpekten daha büyük ve çok daha asil doğdum. Ayrıca ondan çok daha faydalı şeyler yapabiliyorum. Hak ettiğim saygı ve hayranlığı görmeliyim."

Coşkuyla eve koşan eşek, yüksek sesle anırarak sevincini dile getirdi. Arka ayakları üzerinde durdu, ön ayaklarını efendisinin omuzlarına koydu ve yüzünü yaladı. Sadece sevgisini göstermeye çalıştı. Ancak bu sırada ayağı kaydı, yanlışlıkla efendisinin elbiselerine zarar verdi ve onu öyle sert bir şekilde sıkıştırdı ki, efendisi yardım istedi. Hizmetkarları onu kurtarmak için koştu.

Birden bütün ev halkı sopalar ve taşlarla eşeğin üzerine çullanmış ve onu acımasızca dövmüşler. Tanınma ve sevilme hayalleri bir sabun köpüğü gibi patladı. Sonunda, daha fazla zarar vermesini önlemek için onu güçlü iplerle yemliğe sıkıca bağladılar.

Başkalarıyla kıyas yapmadan önce kendi doğanı daha iyi değerlendir.

Yazar hakkında:

Eva Graudenz çok yönlü bir sanatçı, illüstratör ve yazardır.

Ülkesi Almanya'daki birçok serginin yanı sıra, sanatını Güney

Avrupa'da da sergilemiştir.

Köpekler ve ördekler hakkında Almanca ve Türkçe çocuk kitapları

yayınlamıştır.

Sanatı her zaman öyküsel anlatı da olmuştur. Şiir yazmaya 16 yaşında

başladı. Bu da videolarına ve diğer sanat eserlerine yansıdı.

Onun için bir kitap tam bir sanat eseridir. Kelimeler ve imgelerden

oluşan evrensel bir eser.

Onun için her şey tek bir kalemden çıkıyor.